MODE MALBUCH FÜR MÄDCHEN

Dieses Buch gehört:

____

____

FARBTESTSEITE

Mehr Malbücher von Katrin Stark

Vielen Dank für den Kauf dieses Buches

Wenn Ihnen das Buch gefallen hat,
hinterlassen Sie bitte eine Meinung
Es wird dem Autor helfen,
in Zukunft bessere Bücher zu erstellen

www.amazon.de/Katrin-Stark